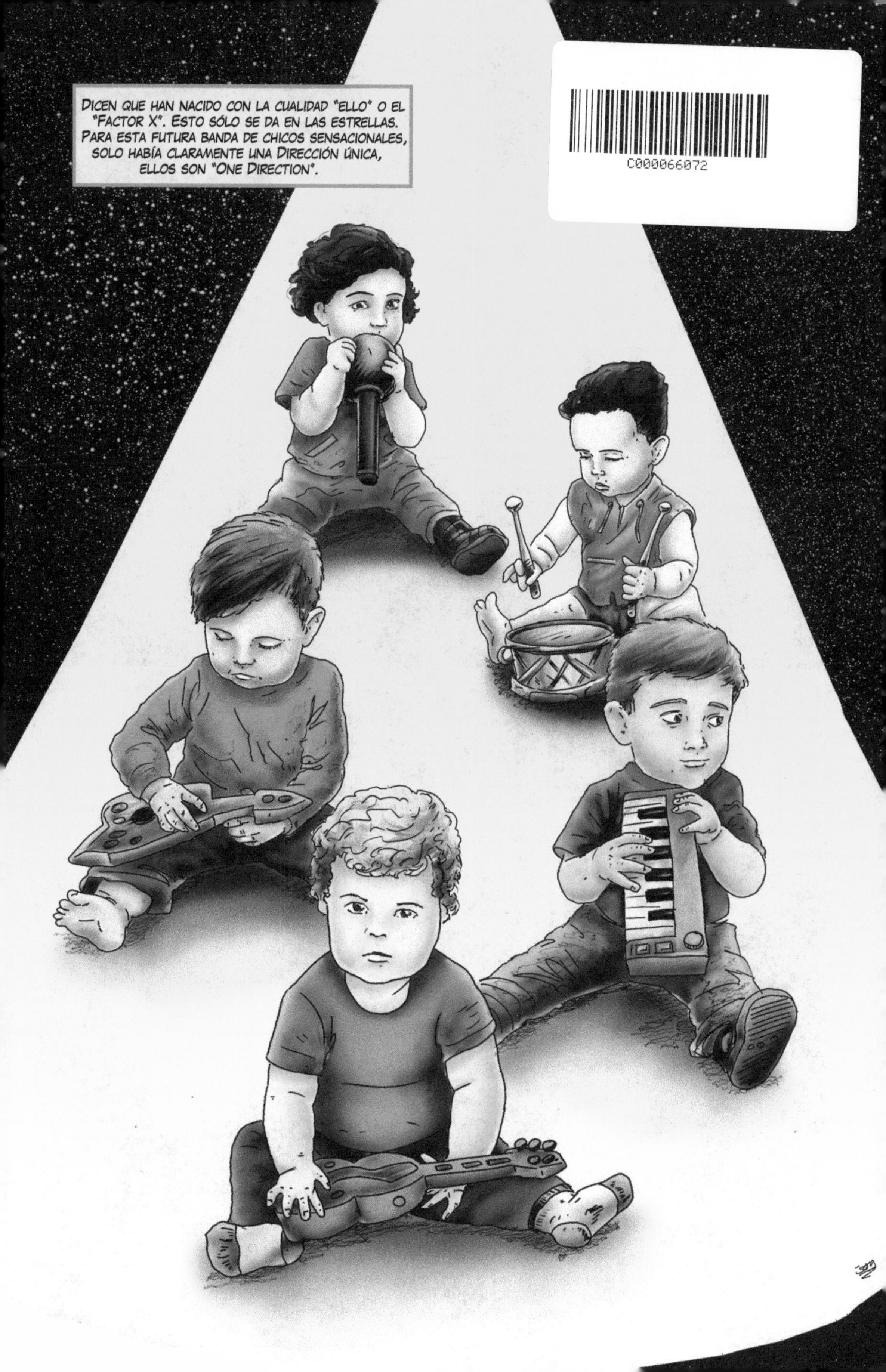
Dicen que han nacido con la cualidad "ello" o el "Factor X". Esto sólo se da en las estrellas. Para esta futura banda de chicos sensacionales, solo había claramente una Dirección única, ellos son "One Direction".

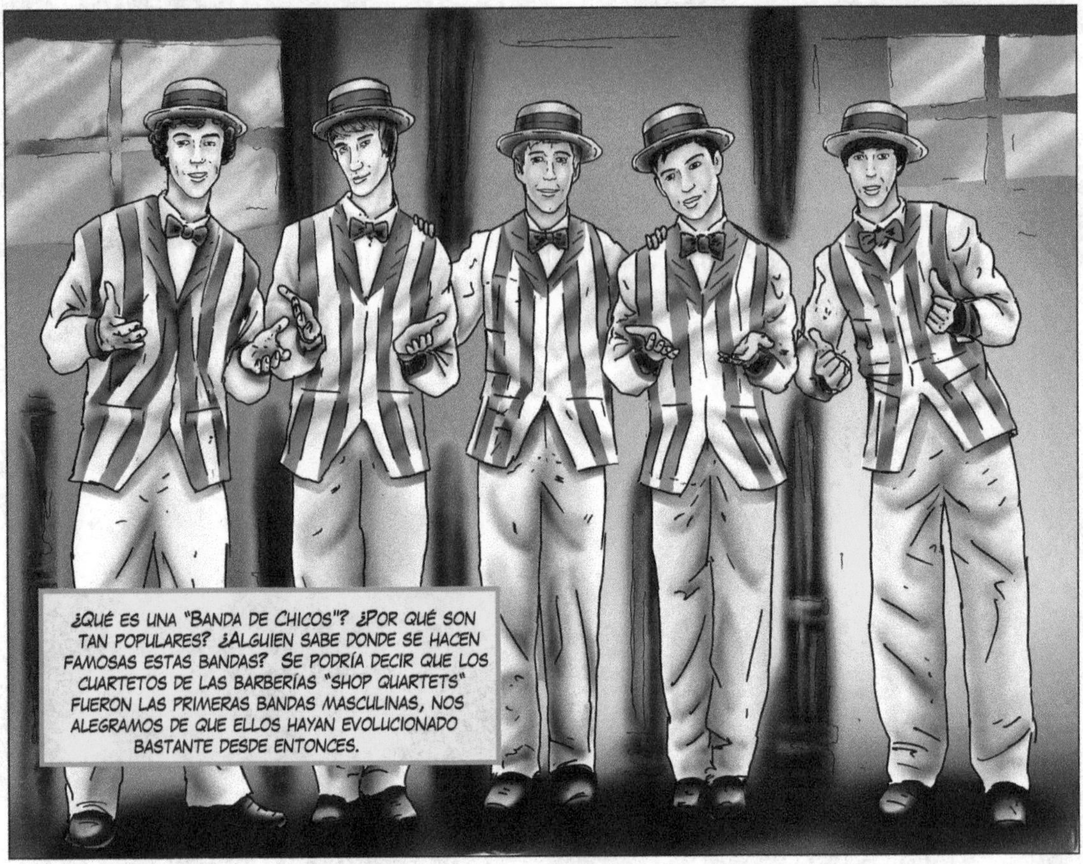
¿QUÉ ES UNA "BANDA DE CHICOS"? ¿POR QUÉ SON TAN POPULARES? ¿ALGUIEN SABE DONDE SE HACEN FAMOSAS ESTAS BANDAS? SE PODRÍA DECIR QUE LOS CUARTETOS DE LAS BARBERÍAS "SHOP QUARTETS" FUERON LAS PRIMERAS BANDAS MASCULINAS, NOS ALEGRAMOS DE QUE ELLOS HAYAN EVOLUCIONADO BASTANTE DESDE ENTONCES.

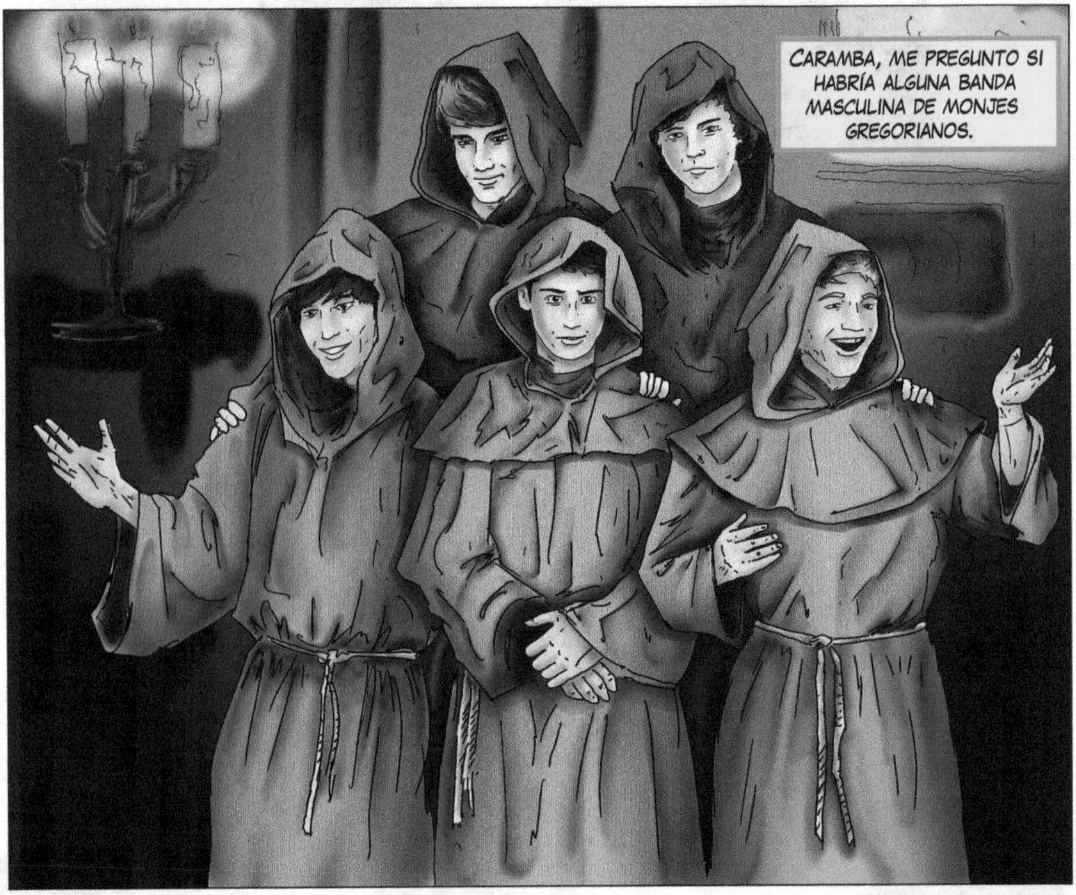
CARAMBA, ME PREGUNTO SI HABRÍA ALGUNA BANDA MASCULINA DE MONJES GREGORIANOS.

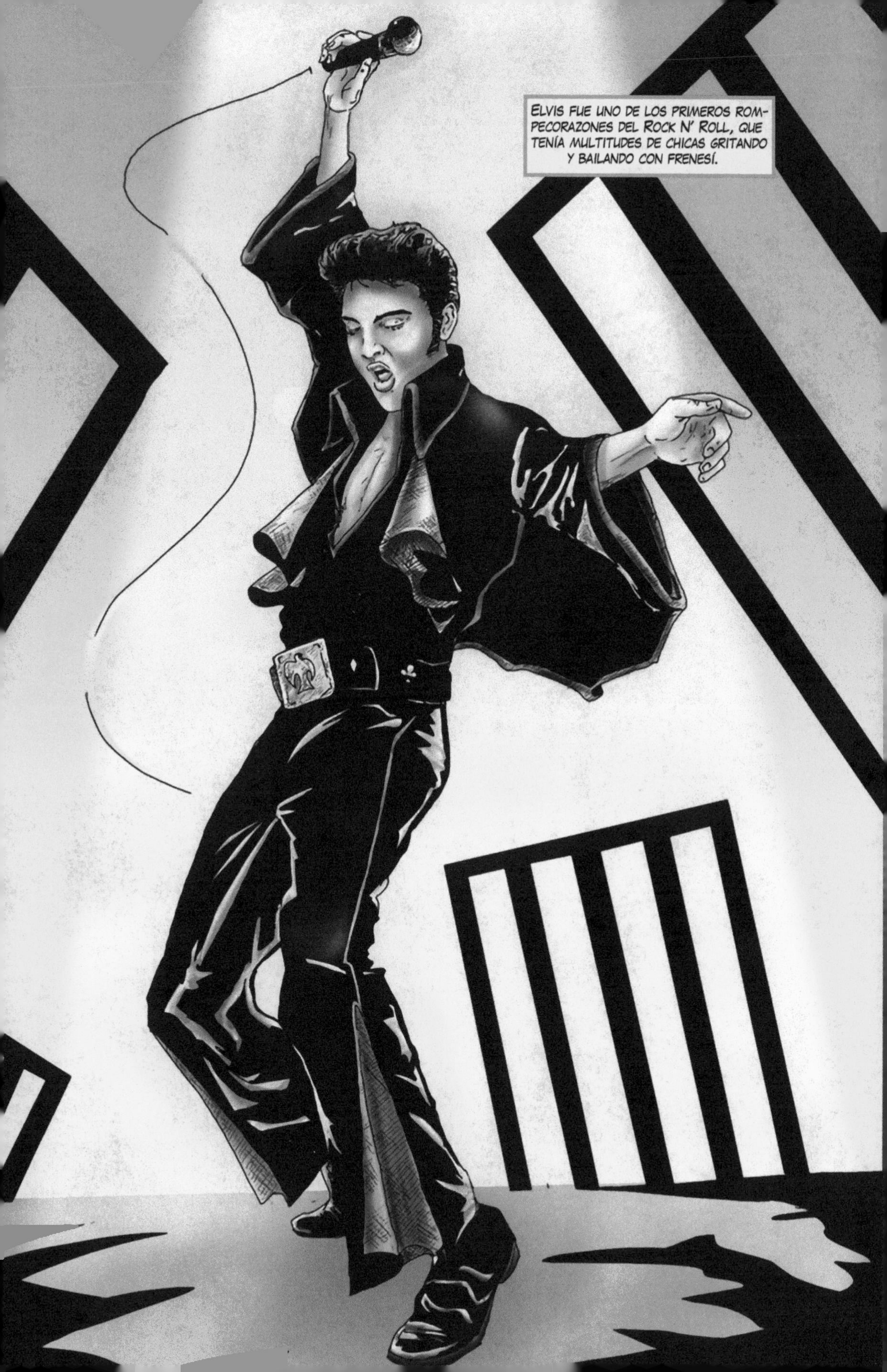
ELVIS FUE UNO DE LOS PRIMEROS ROMPECORAZONES DEL ROCK N' ROLL, QUE TENÍA MULTITUDES DE CHICAS GRITANDO Y BAILANDO CON FRENESÍ.

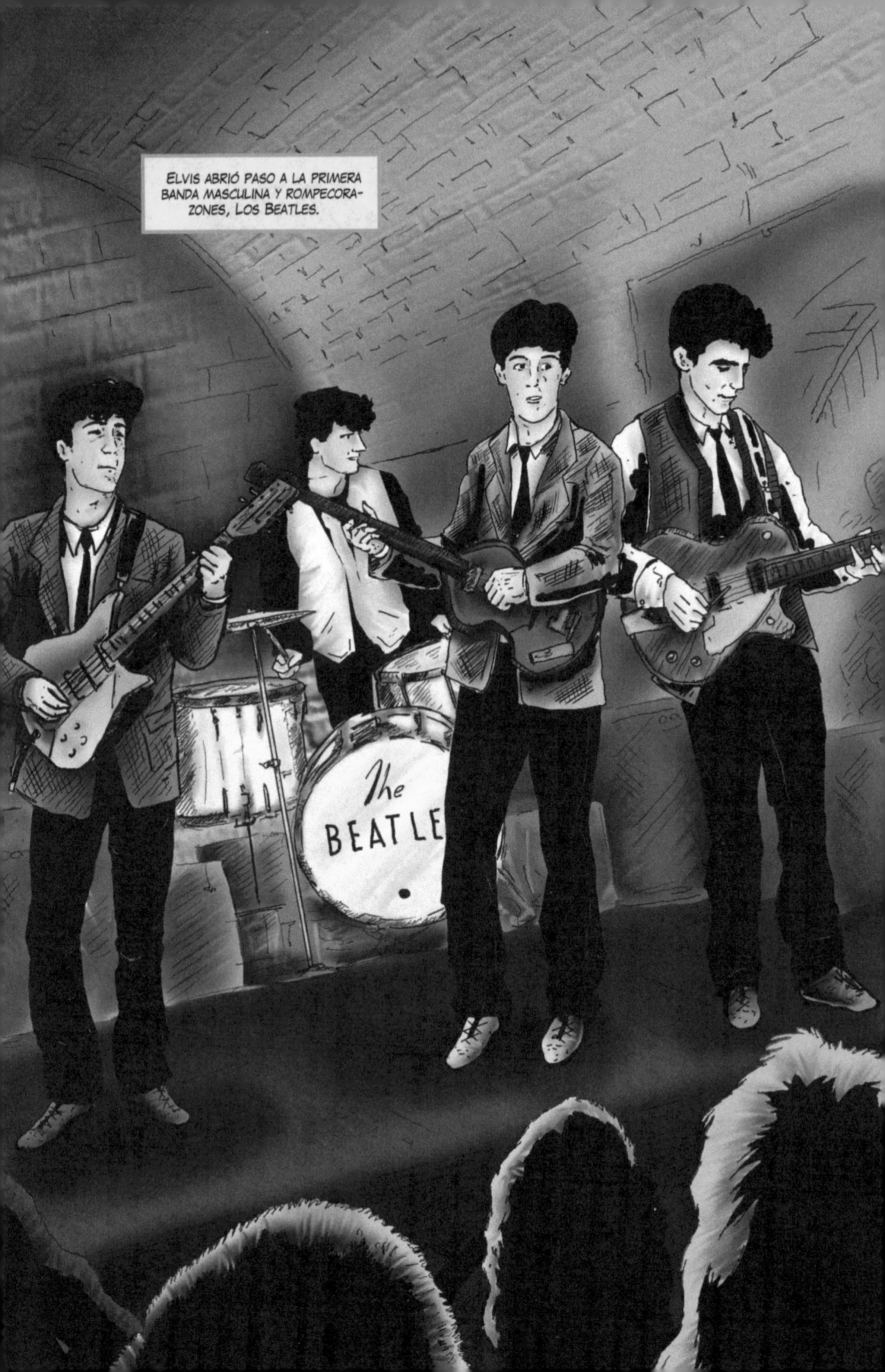
ELVIS ABRIÓ PASO A LA PRIMERA BANDA MASCULINA Y ROMPECORAZONES, LOS BEATLES.
The
BEATLE

ASÍ QUE VOSOTROS SOIS LOS ROLLING STONES...

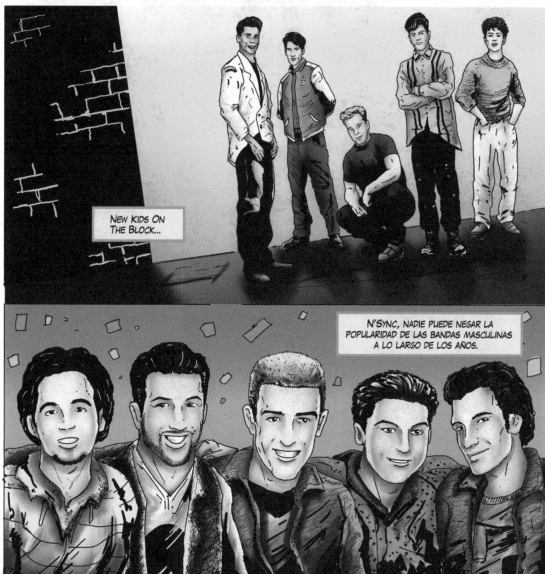

NEW KIDS ON THE BLOCK...

N'SYNC, NADIE PUEDE NEGAR LA POPULARIDAD DE LAS BANDAS MASCULINAS A LO LARGO DE LOS AÑOS.

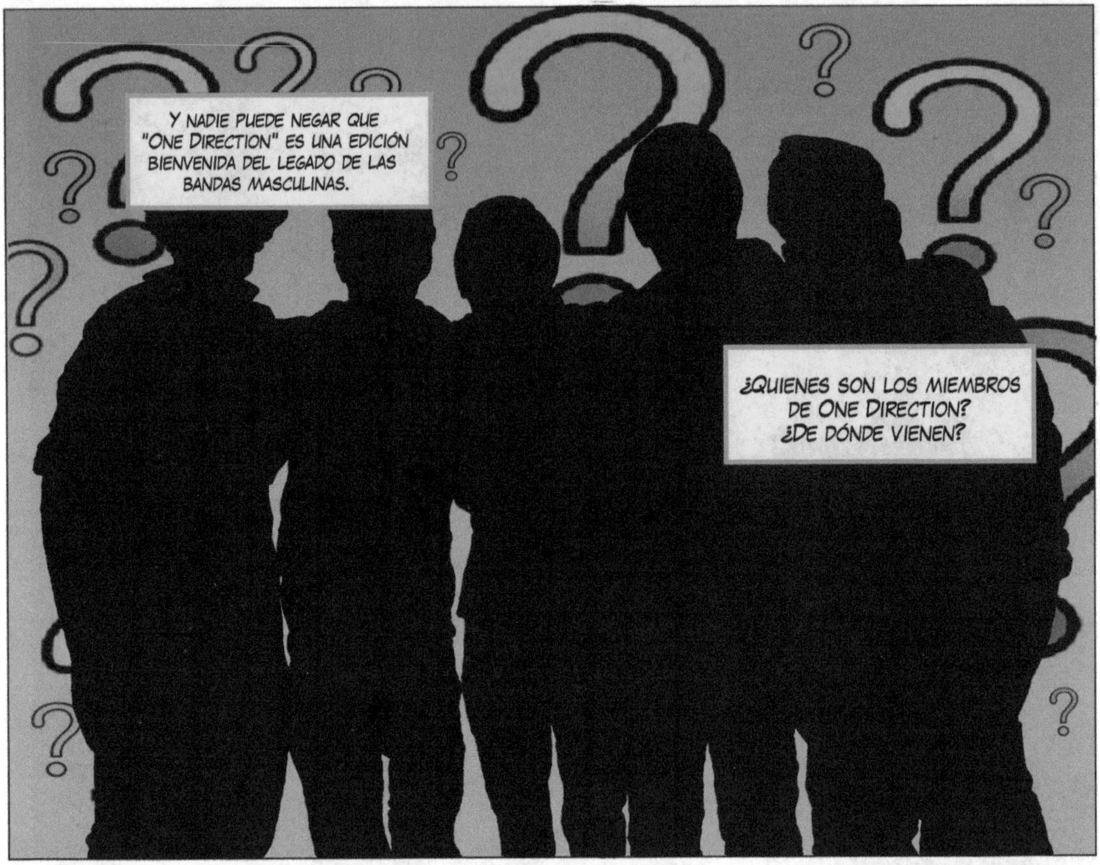
Y NADIE PUEDE NEGAR QUE "ONE DIRECTION" ES UNA EDICIÓN BIENVENIDA DEL LEGADO DE LAS BANDAS MASCULINAS.
¿QUIENES SON LOS MIEMBROS DE ONE DIRECTION? ¿DE DÓNDE VIENEN?

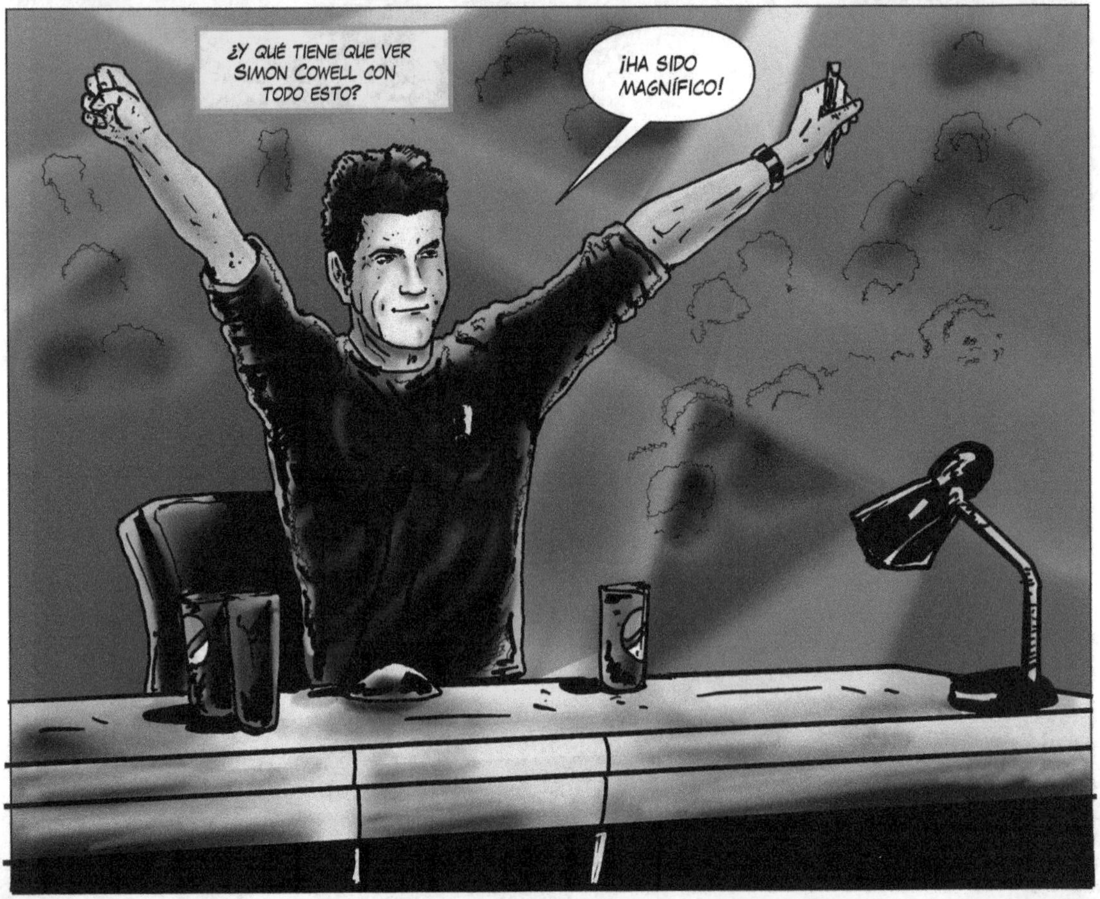
¿Y QUÉ TIENE QUE VER SIMON COWELL CON TODO ESTO?
¡HA SIDO MAGNÍFICO!

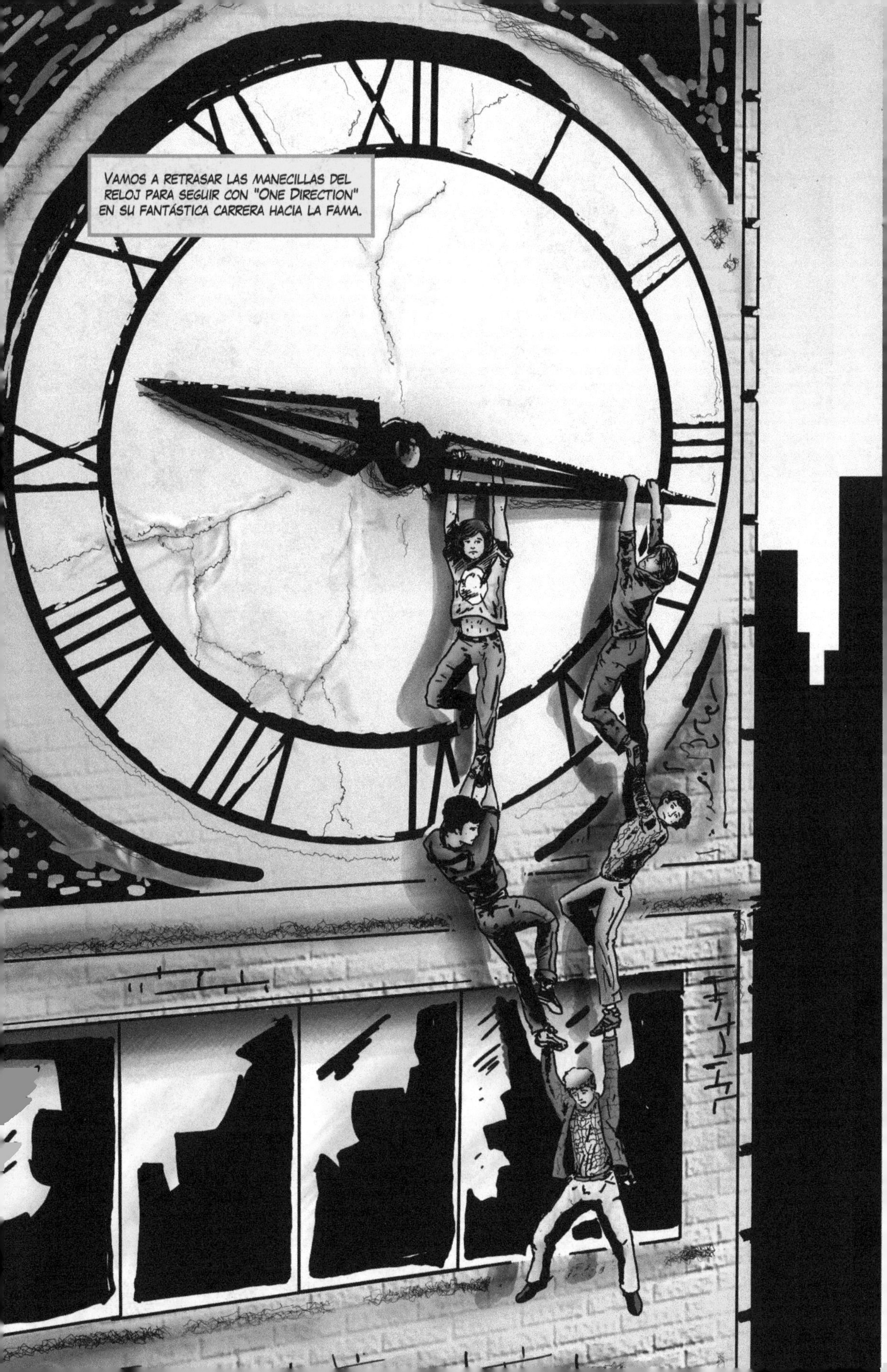
VAMOS A RETRASAR LAS MANECILLAS DEL RELOJ PARA SEGUIR CON "ONE DIRECTION" EN SU FANTÁSTICA CARRERA HACIA LA FAMA.

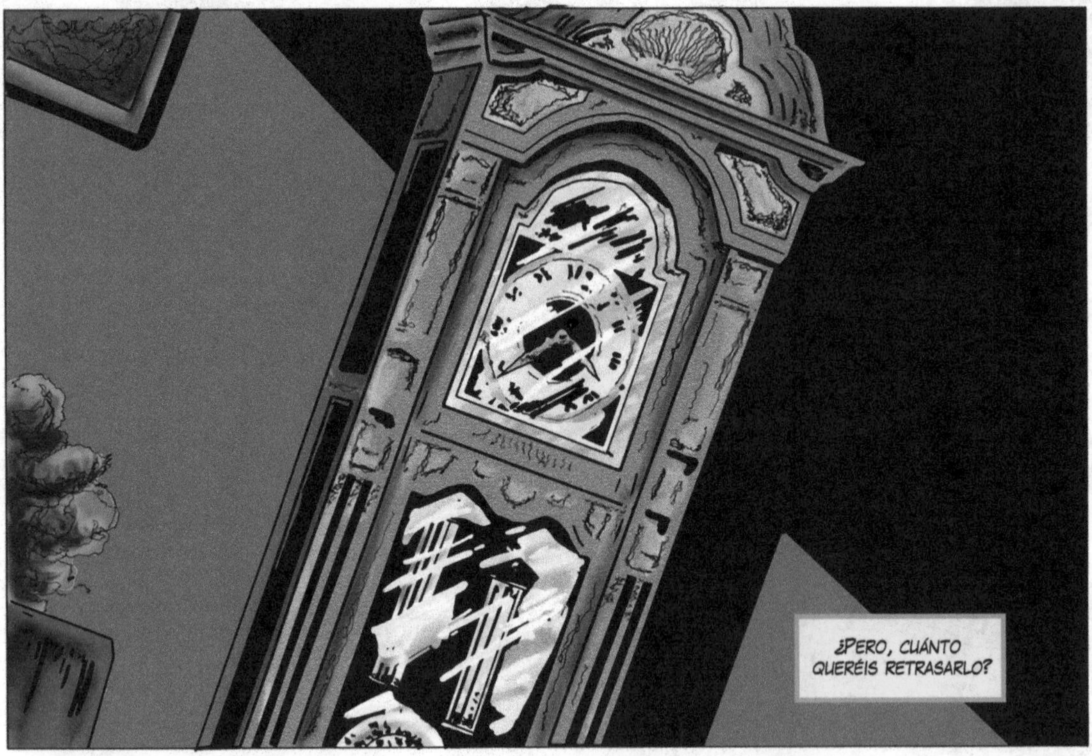
¿PERO, CUÁNTO QUERÉIS RETRASARLO?

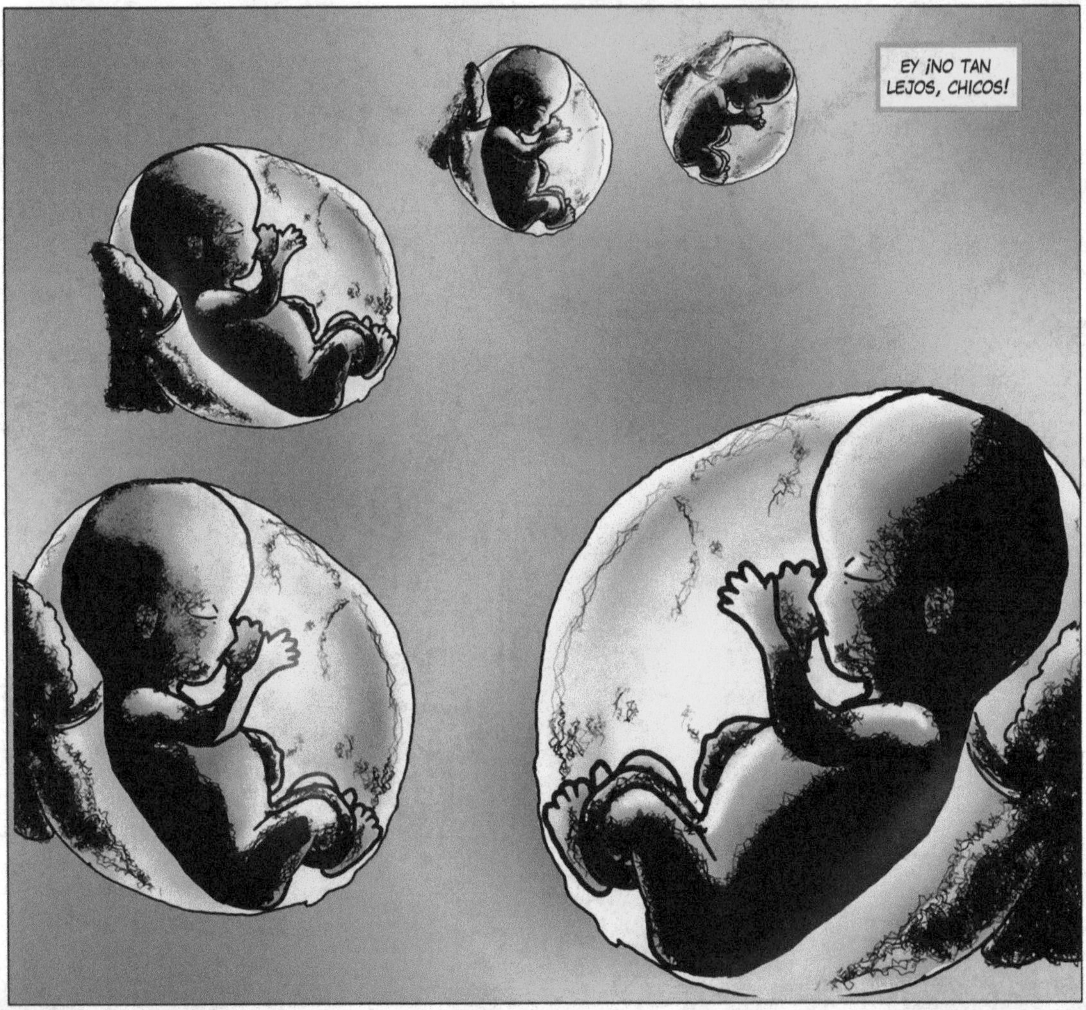
EY ¡NO TAN LEJOS, CHICOS!

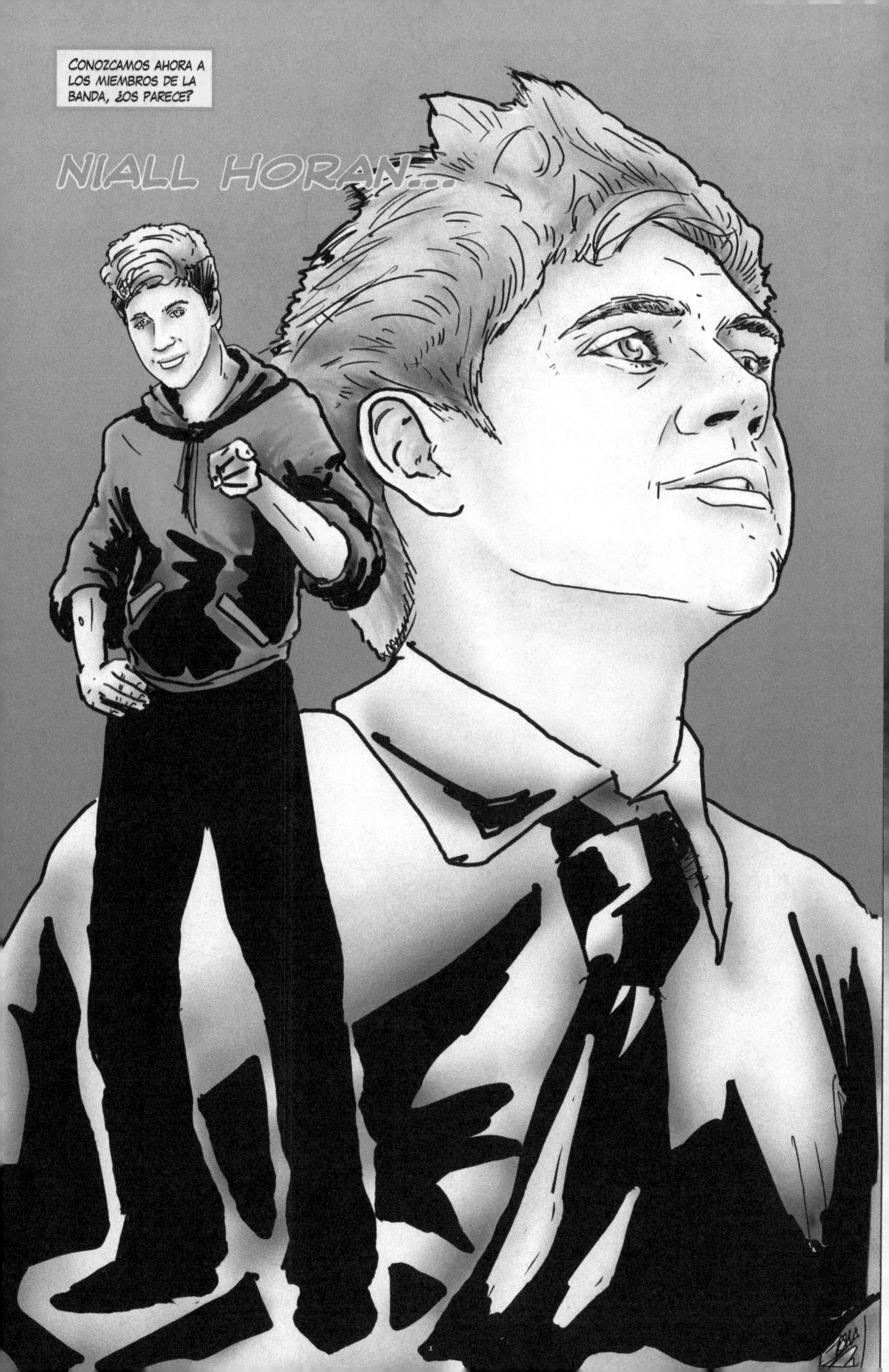
CONOZCAMOS AHORA A LOS MIEMBROS DE LA BANDA, ¿OS PARECE?
NIALL HORAN...

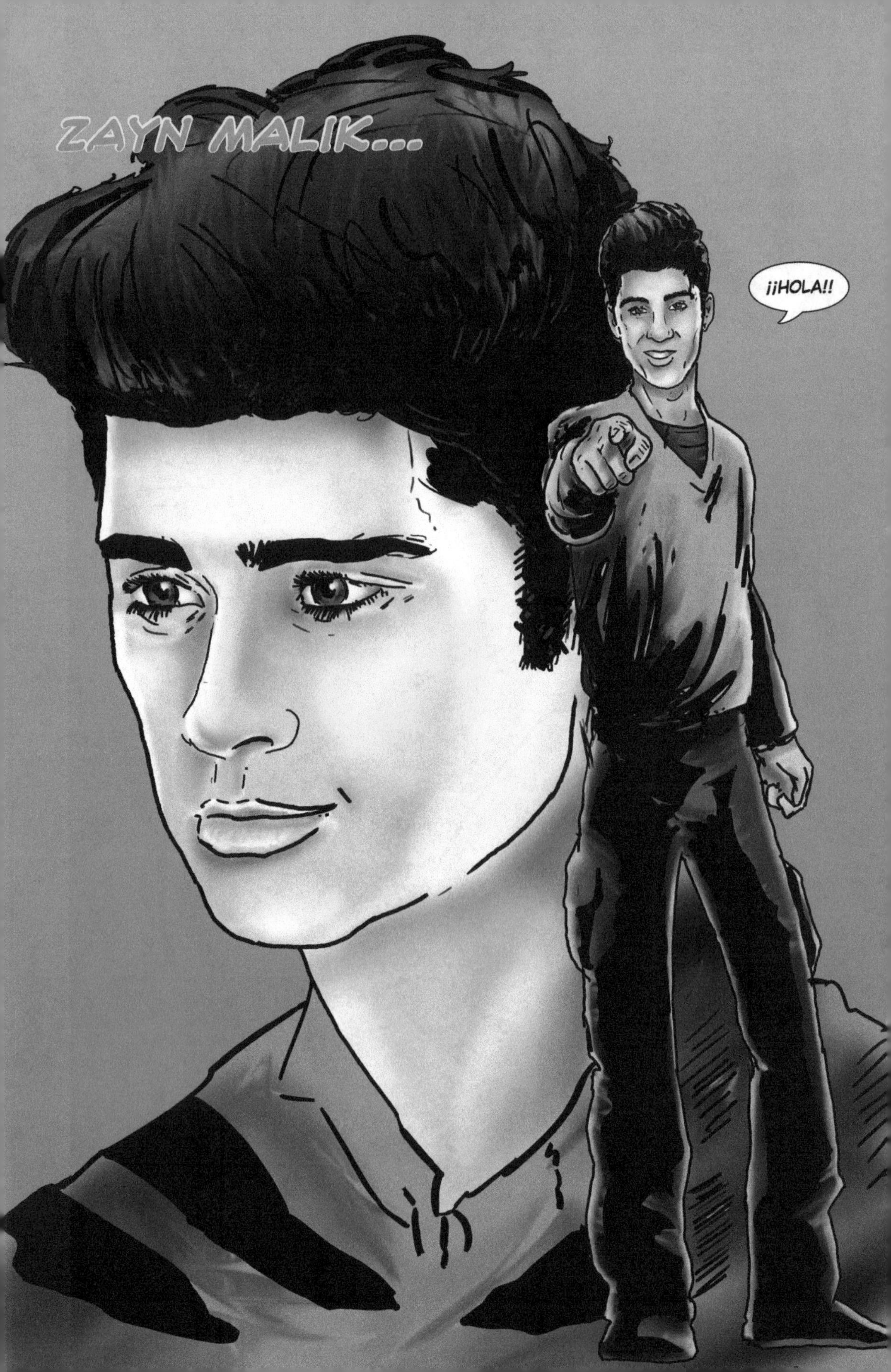
ZAYN MALIK...
¡¡HOLA!!

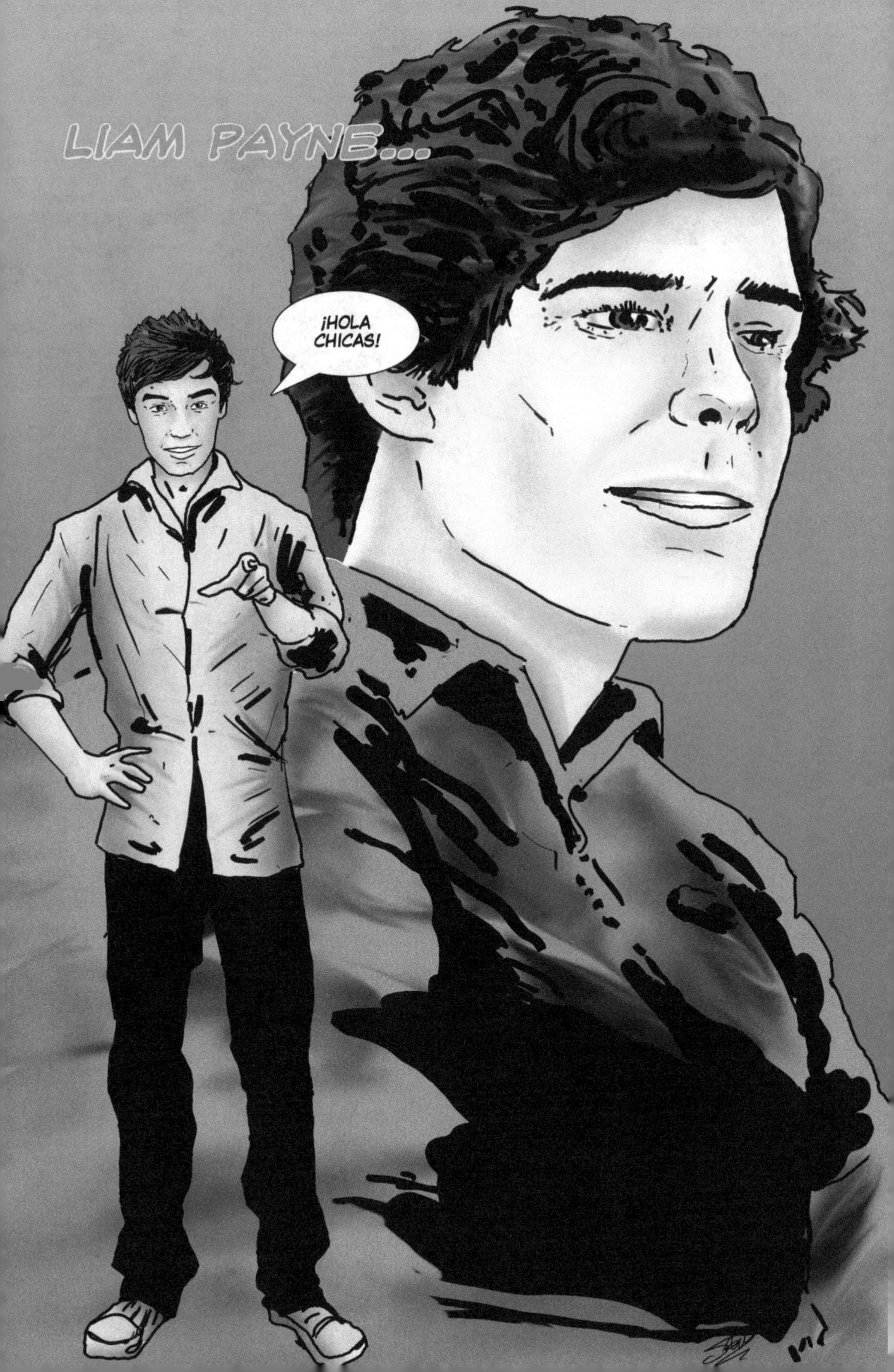
LIAM PAYNE...
¡HOLA CHICAS!

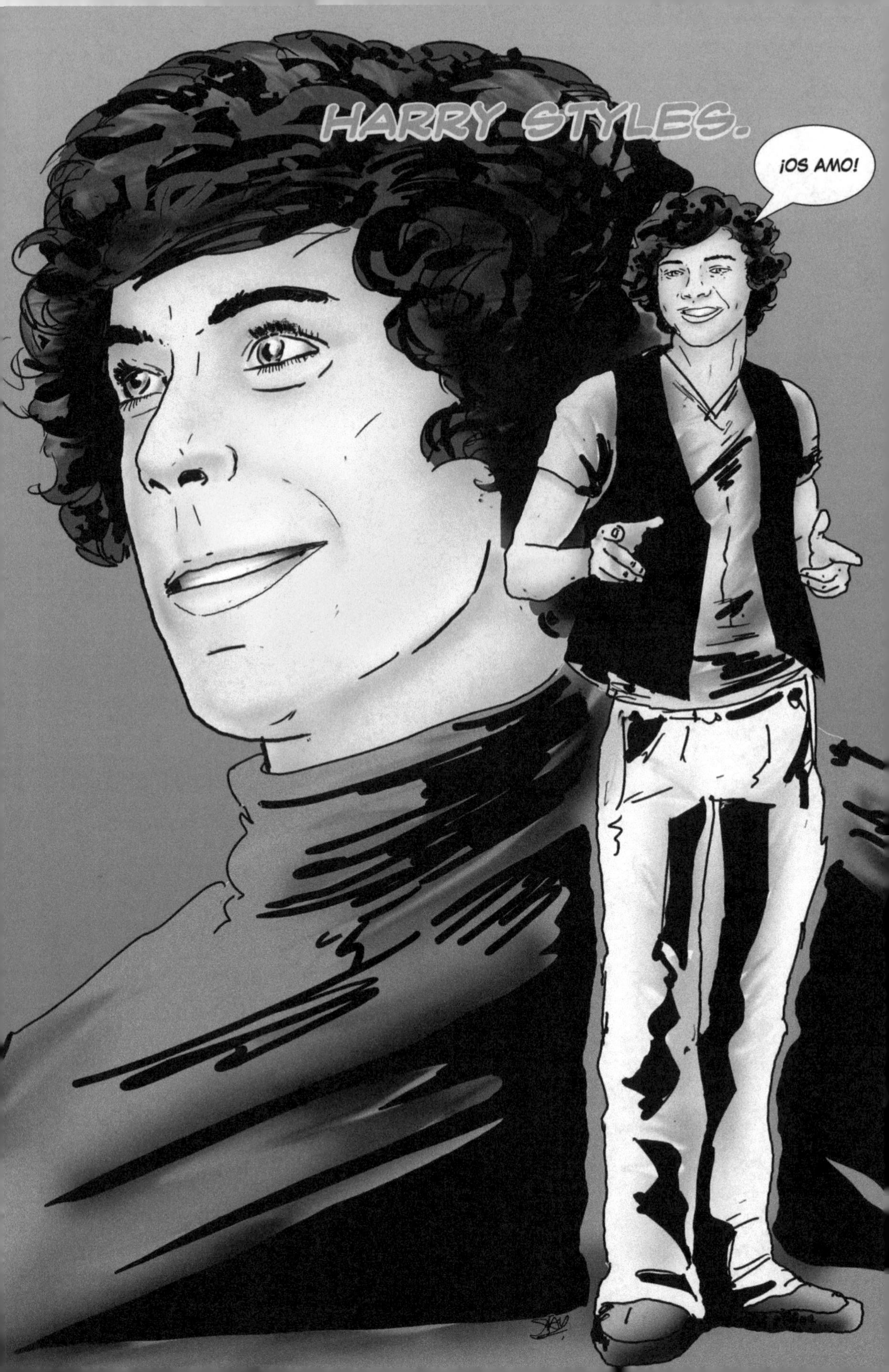
HARRY STYLES.
¡OS AMO!

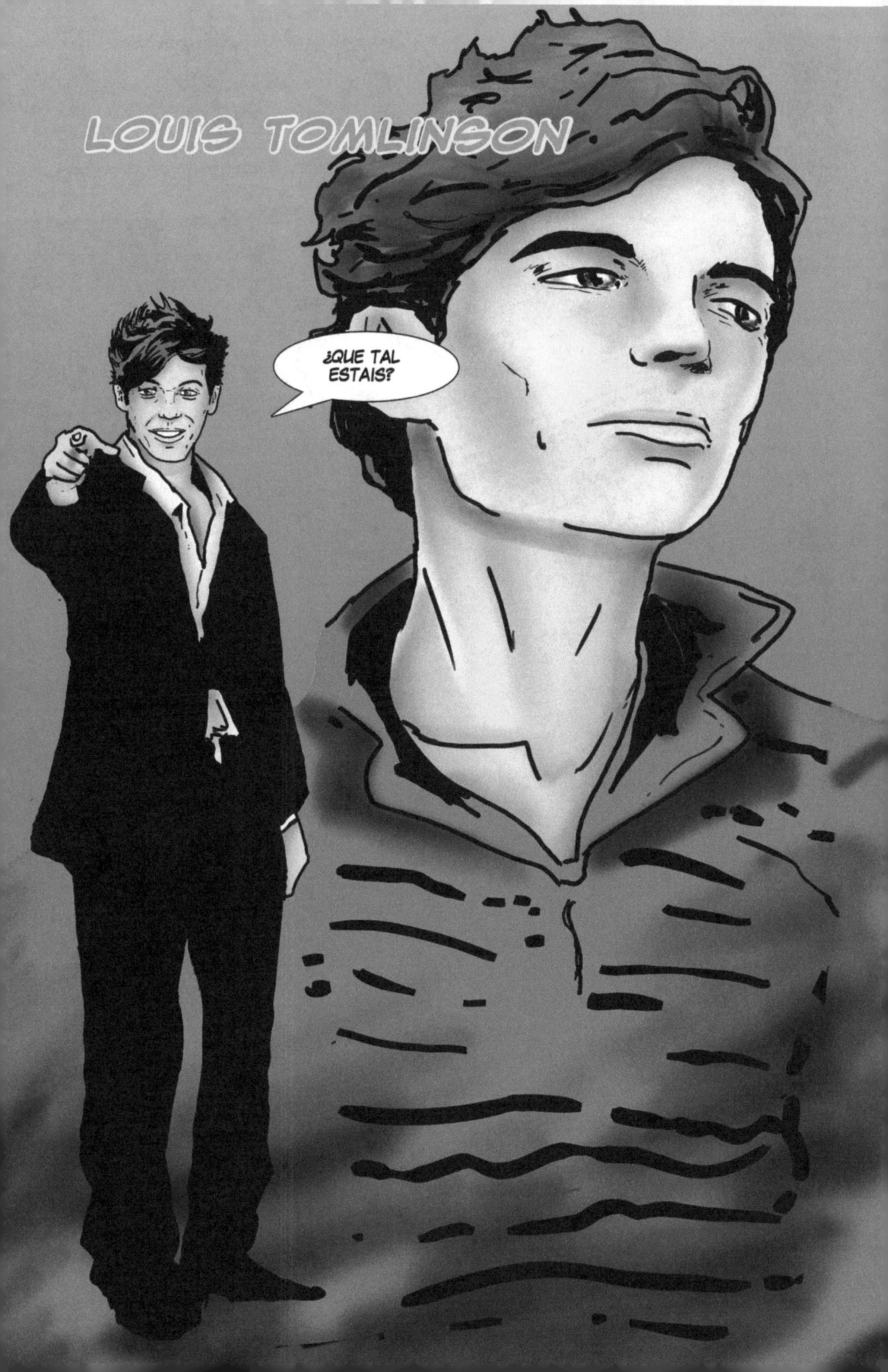
LOUIS TOMLINSON
¿QUE TAL ESTAIS?

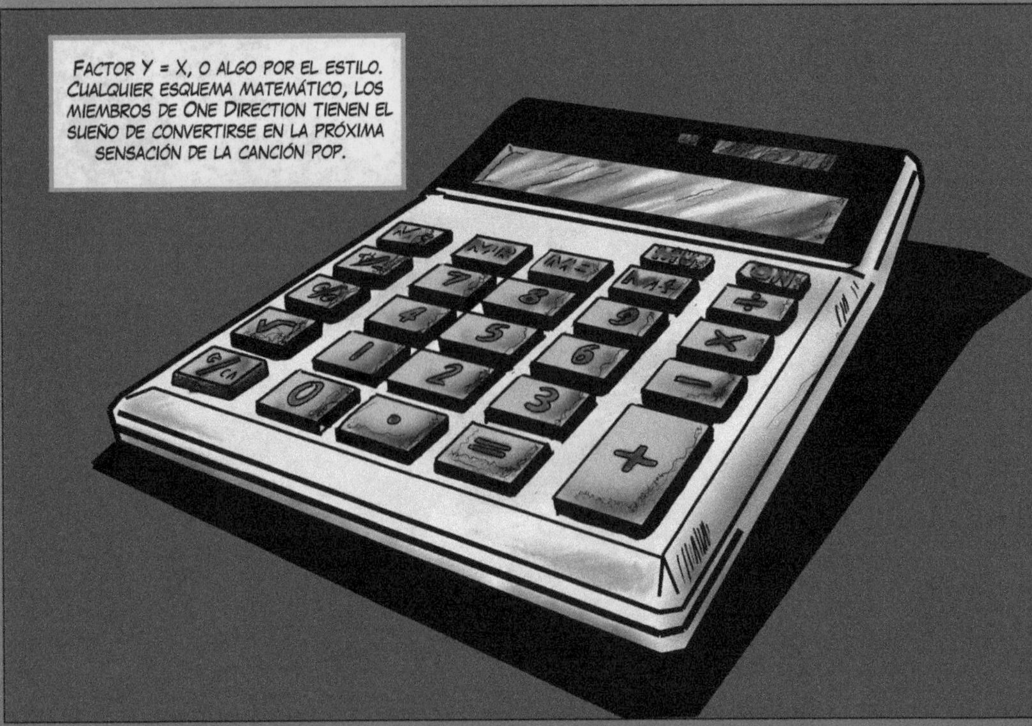
FACTOR Y = X, O ALGO POR EL ESTILO. CUALQUIER ESQUEMA MATEMÁTICO, LOS MIEMBROS DE ONE DIRECTION TIENEN EL SUEÑO DE CONVERTIRSE EN LA PRÓXIMA SENSACIÓN DE LA CANCIÓN POP.

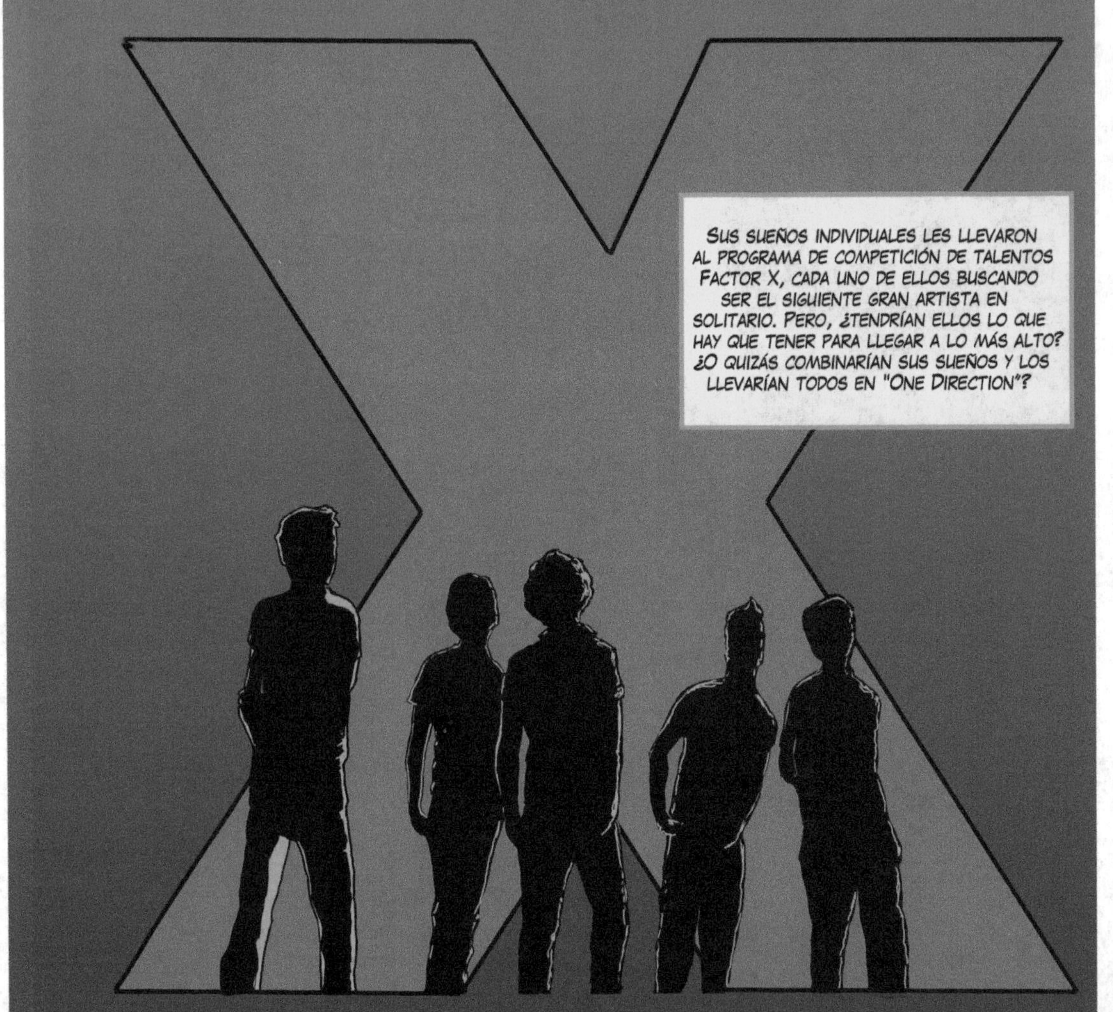
SUS SUEÑOS INDIVIDUALES LES LLEVARON AL PROGRAMA DE COMPETICIÓN DE TALENTOS FACTOR X, CADA UNO DE ELLOS BUSCANDO SER EL SIGUIENTE GRAN ARTISTA EN SOLITARIO. PERO, ¿TENDRÍAN ELLOS LO QUE HAY QUE TENER PARA LLEGAR A LO MÁS ALTO? ¿O QUIZÁS COMBINARÍAN SUS SUEÑOS Y LOS LLEVARÍAN TODOS EN "ONE DIRECTION"?

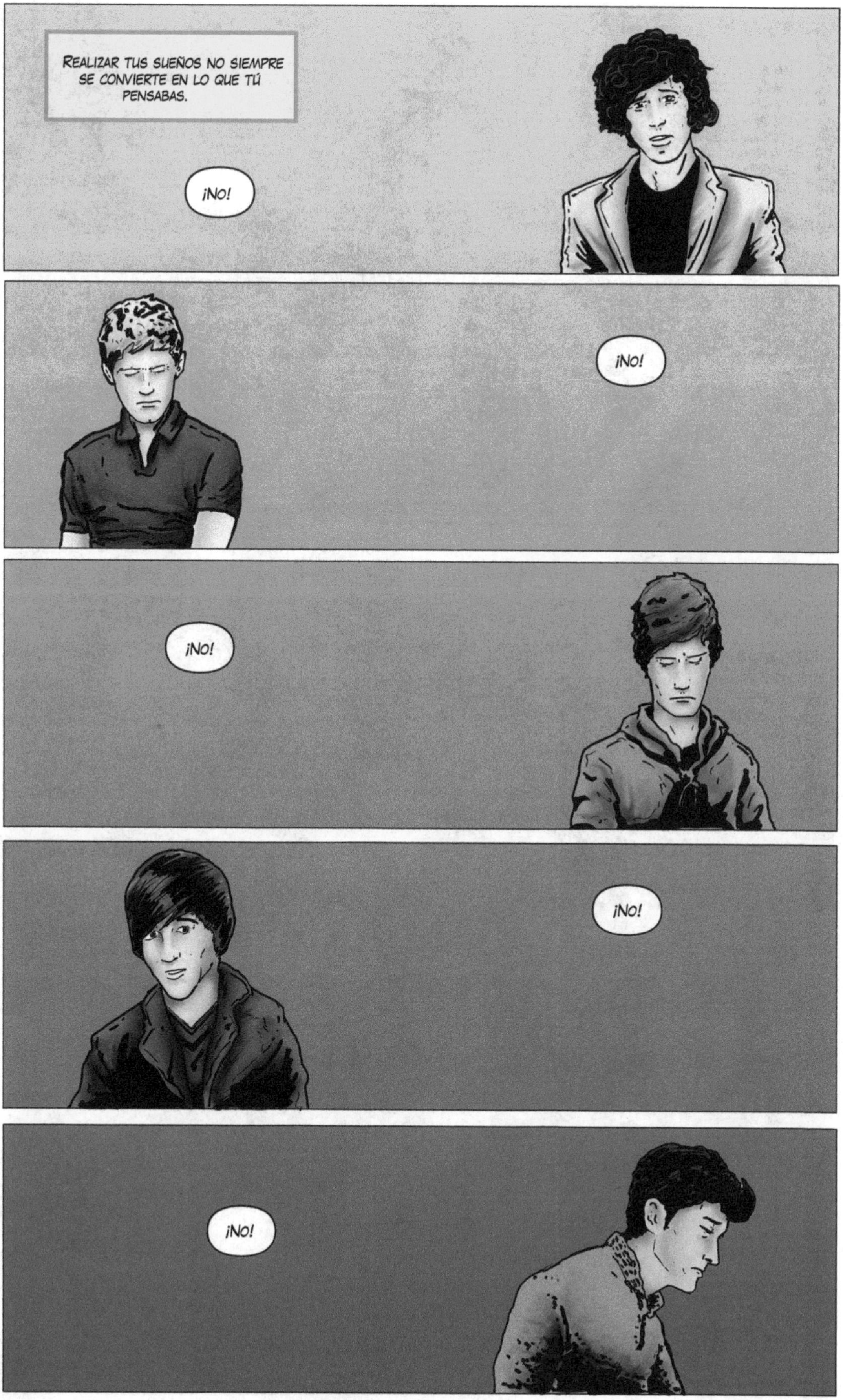
Realizar tus sueños no siempre se convierte en lo que tú pensabas.
¡No!
¡No!
¡No!
¡No!
¡No!

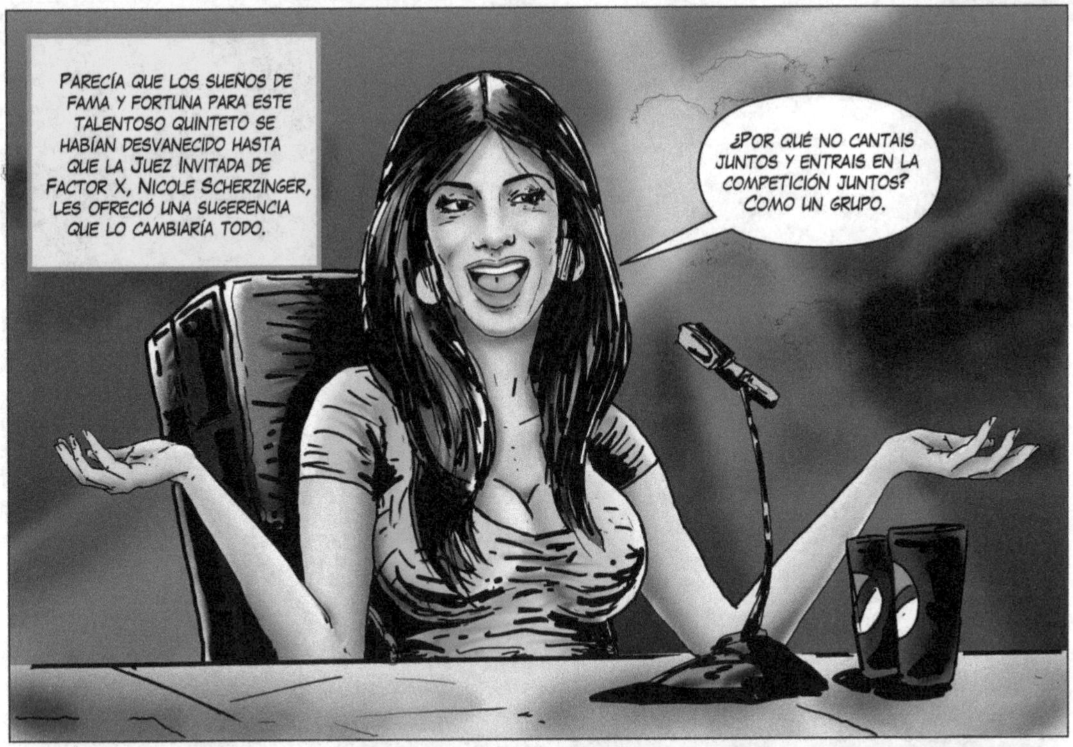
Parecía que los sueños de fama y fortuna para este talentoso quinteto se habían desvanecido hasta que la Juez Invitada de Factor X, Nicole Scherzinger, les ofreció una sugerencia que lo cambiaría todo.
¿Por qué no cantais juntos y entrais en la competición juntos? Como un grupo.

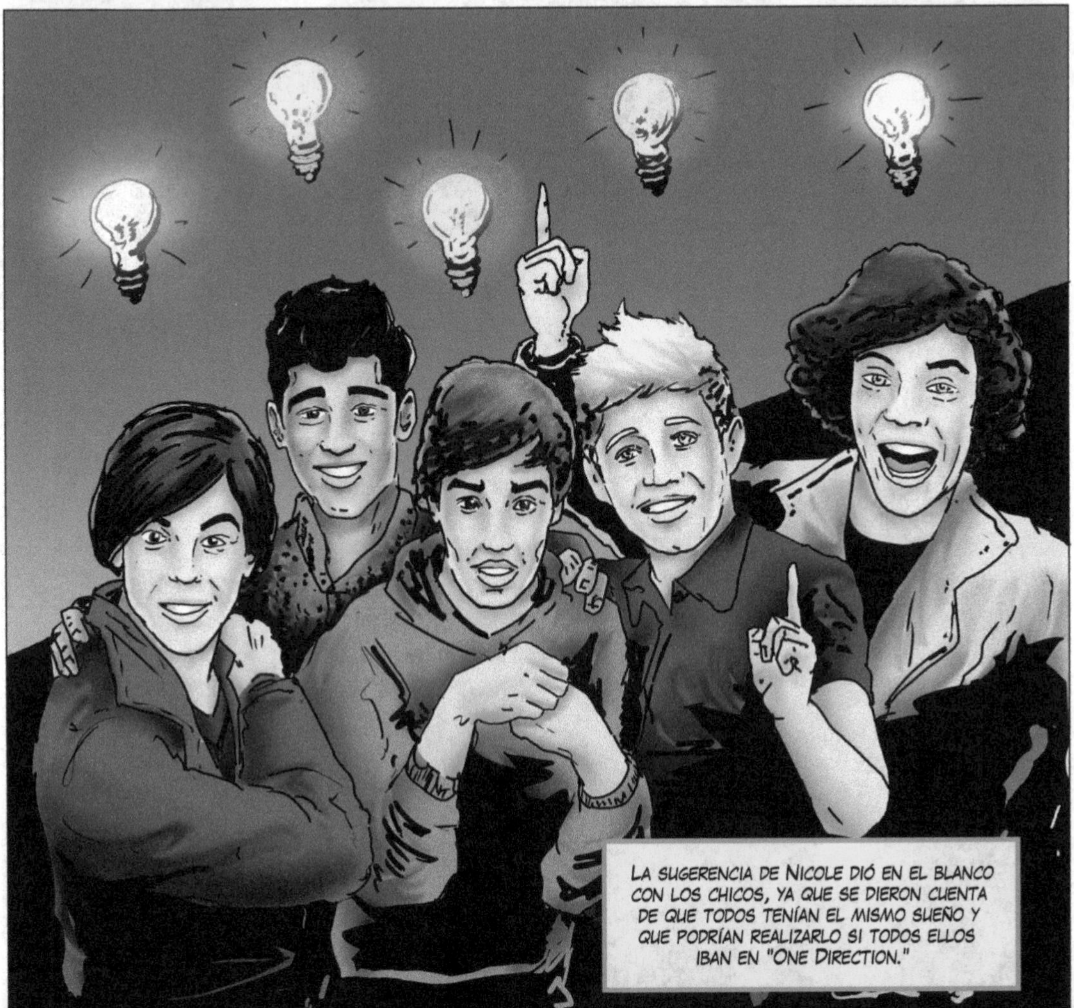
La sugerencia de Nicole dió en el blanco con los chicos, ya que se dieron cuenta de que todos tenían el mismo sueño y que podrían realizarlo si todos ellos iban en "One Direction."

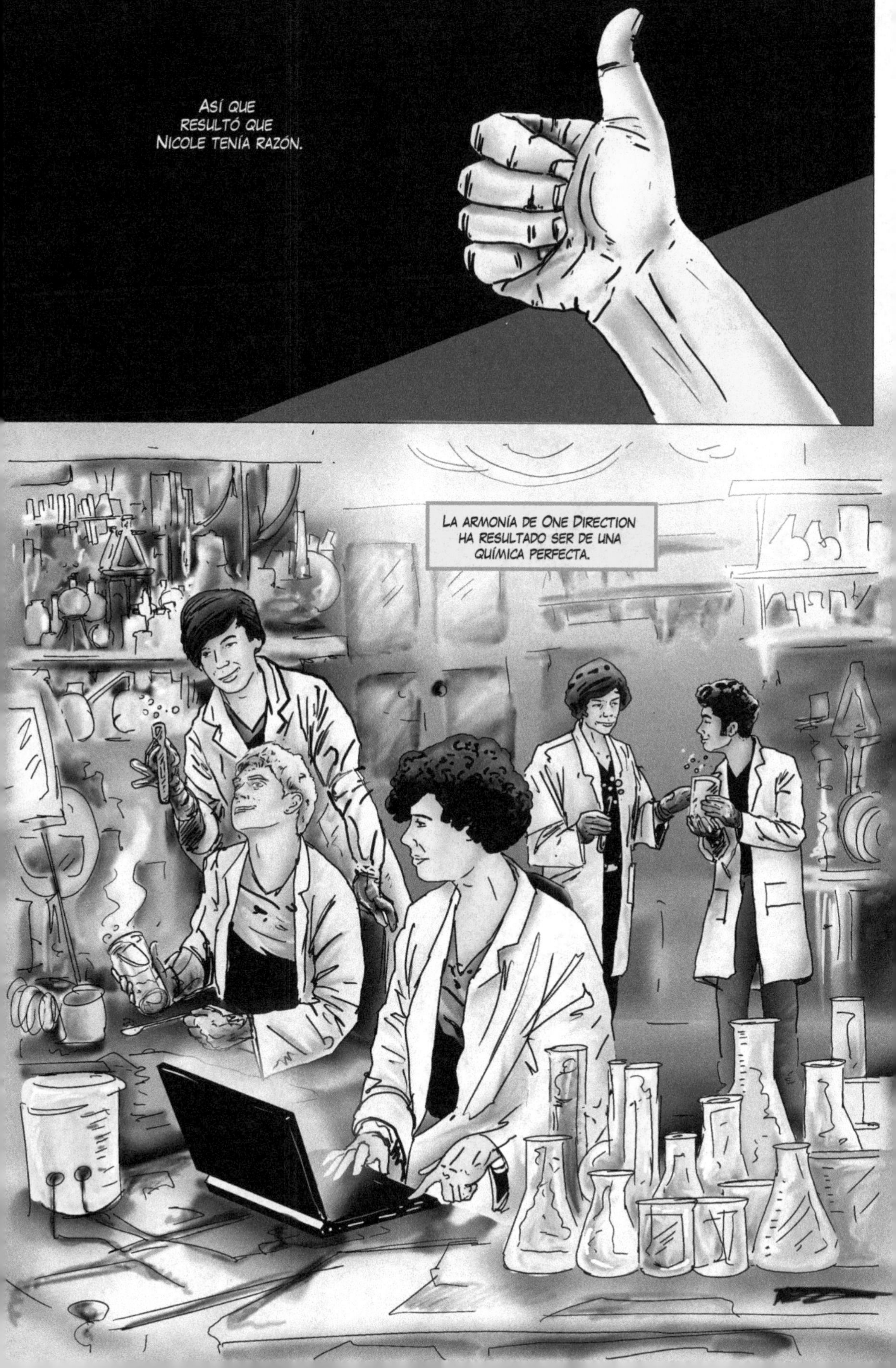
ASÍ QUE RESULTÓ QUE NICOLE TENÍA RAZÓN.
LA ARMONÍA DE ONE DIRECTION HA RESULTADO SER DE UNA QUÍMICA PERFECTA.

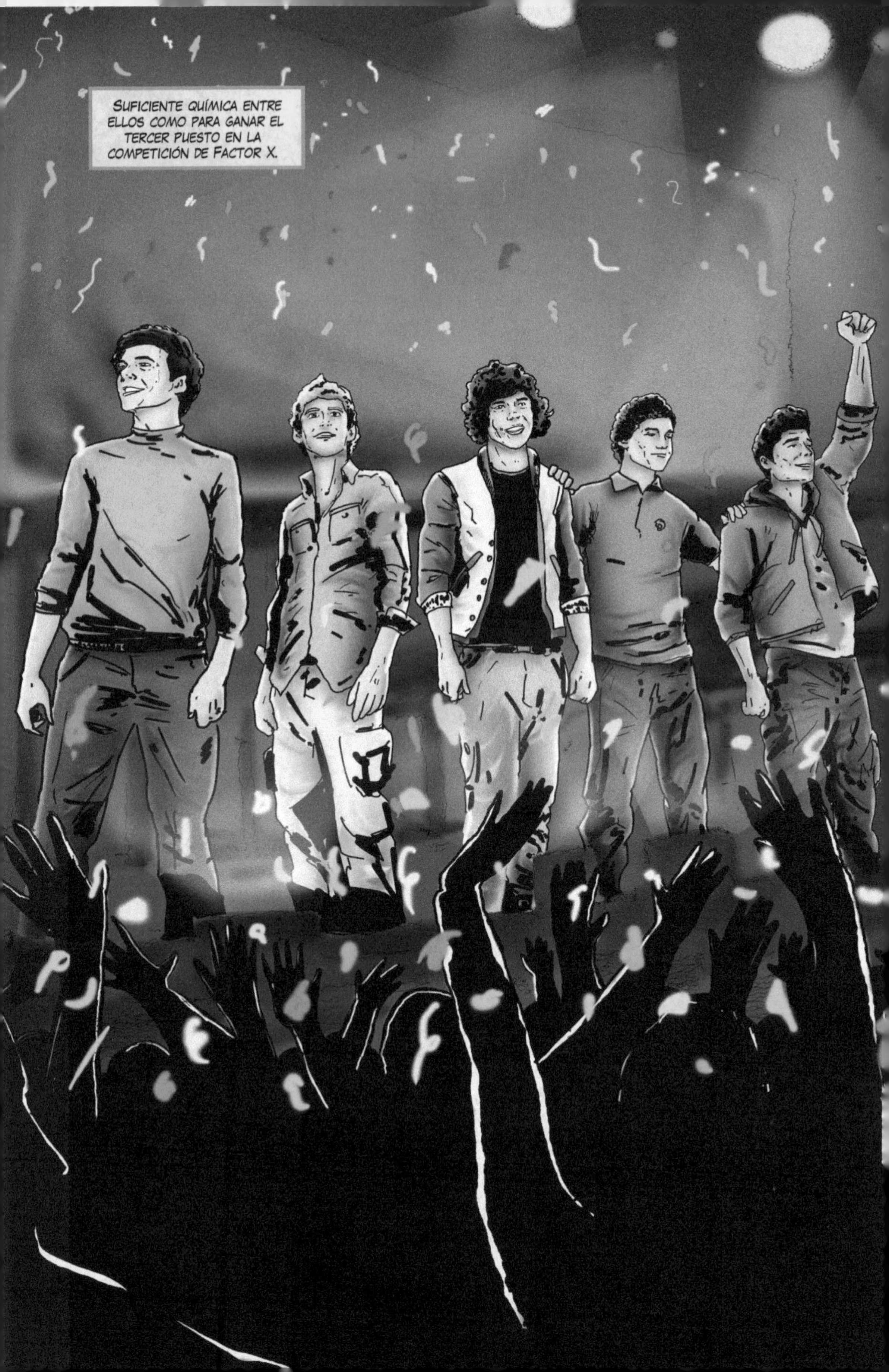
Suficiente química entre ellos como para ganar el tercer puesto en la competición de Factor X.

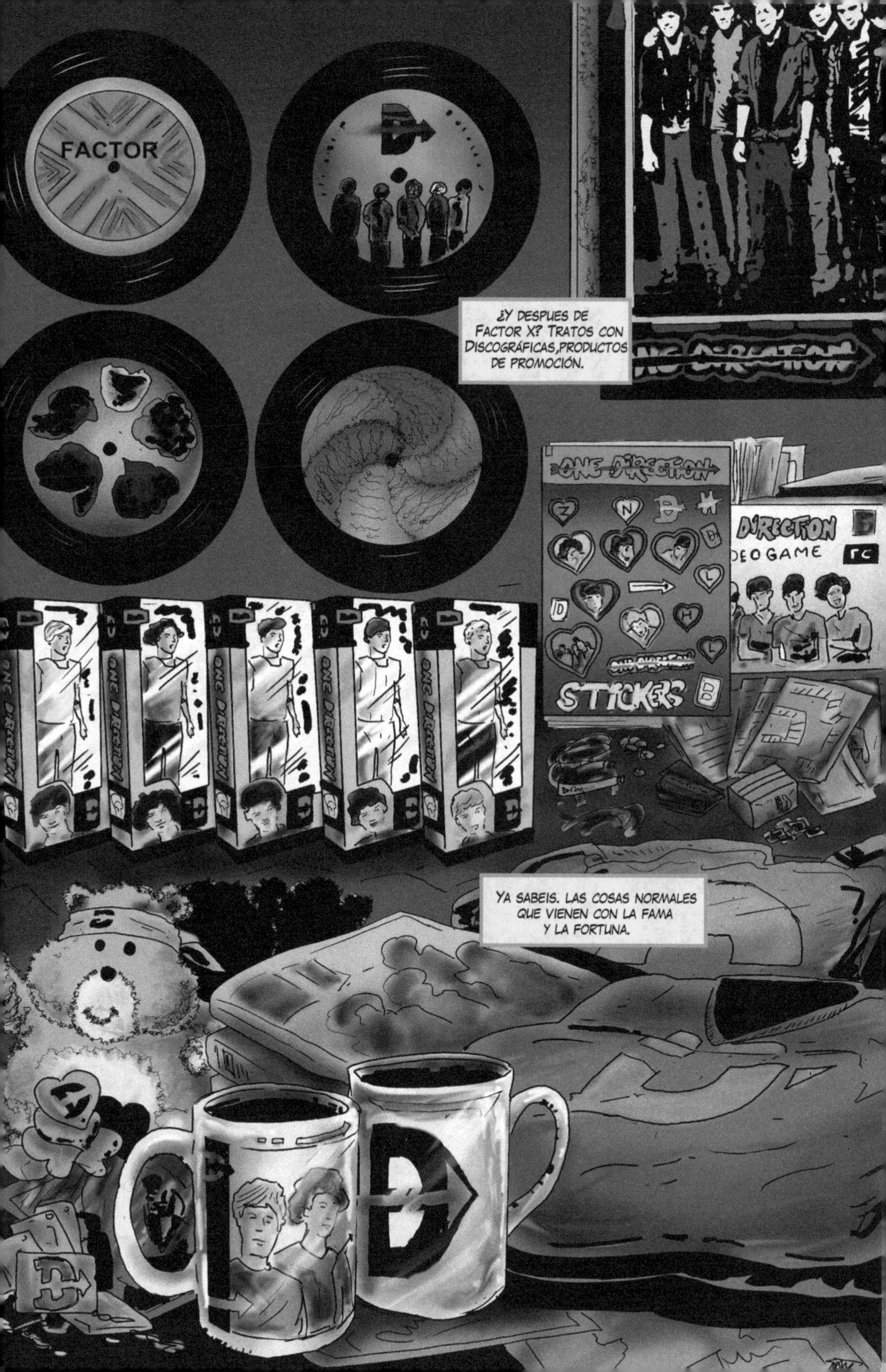
FACTOR
¿Y DESPUES DE FACTOR X? TRATOS CON DISCOGRÁFICAS,PRODUCTOS DE PROMOCIÓN.
STICKERS
YA SABEIS. LAS COSAS NORMALES QUE VIENEN CON LA FAMA Y LA FORTUNA.

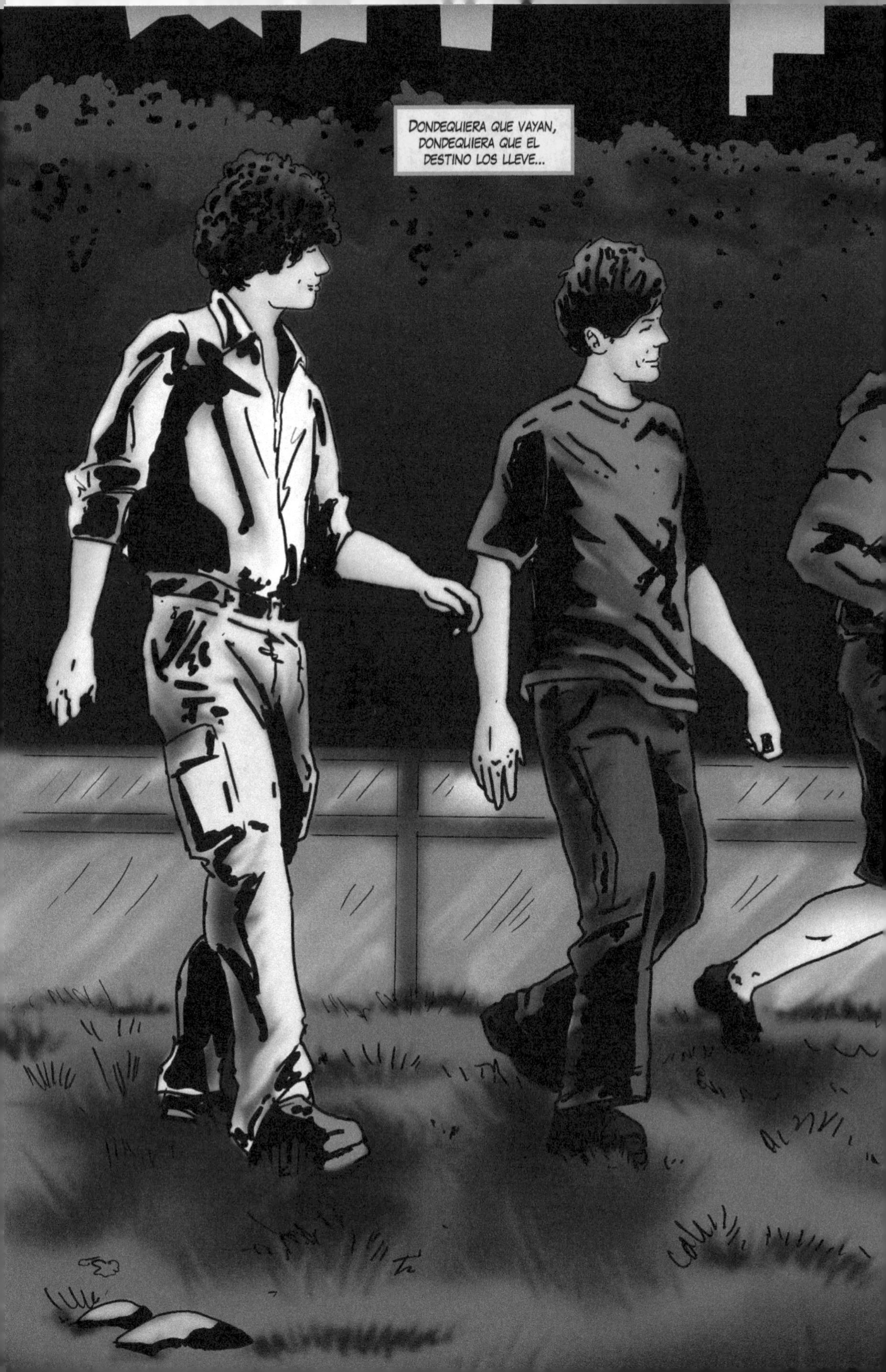
DONDEQUIERA QUE VAYAN, DONDEQUIERA QUE EL DESTINO LOS LLEVE...

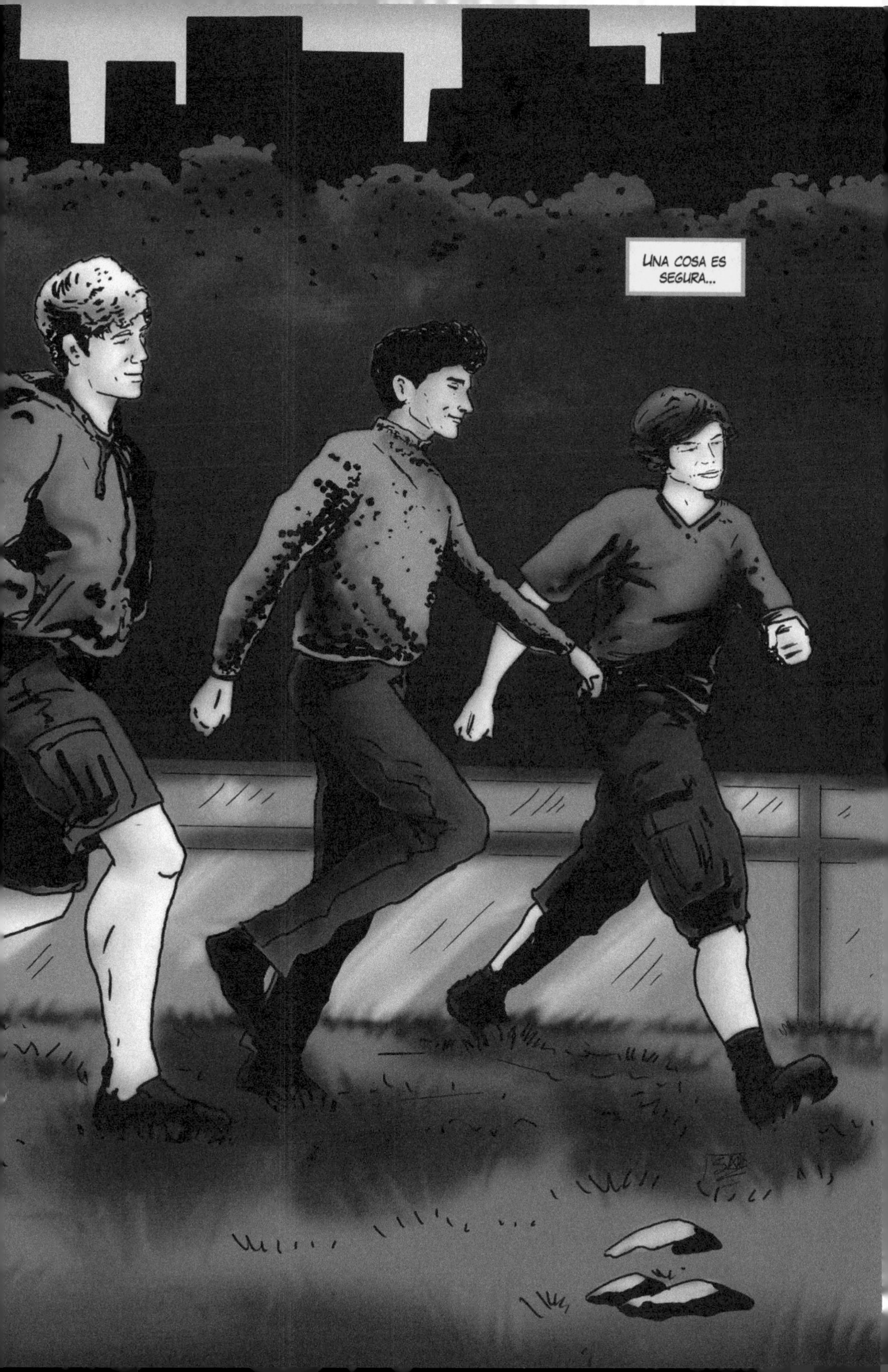
UNA COSA ES SEGURA...

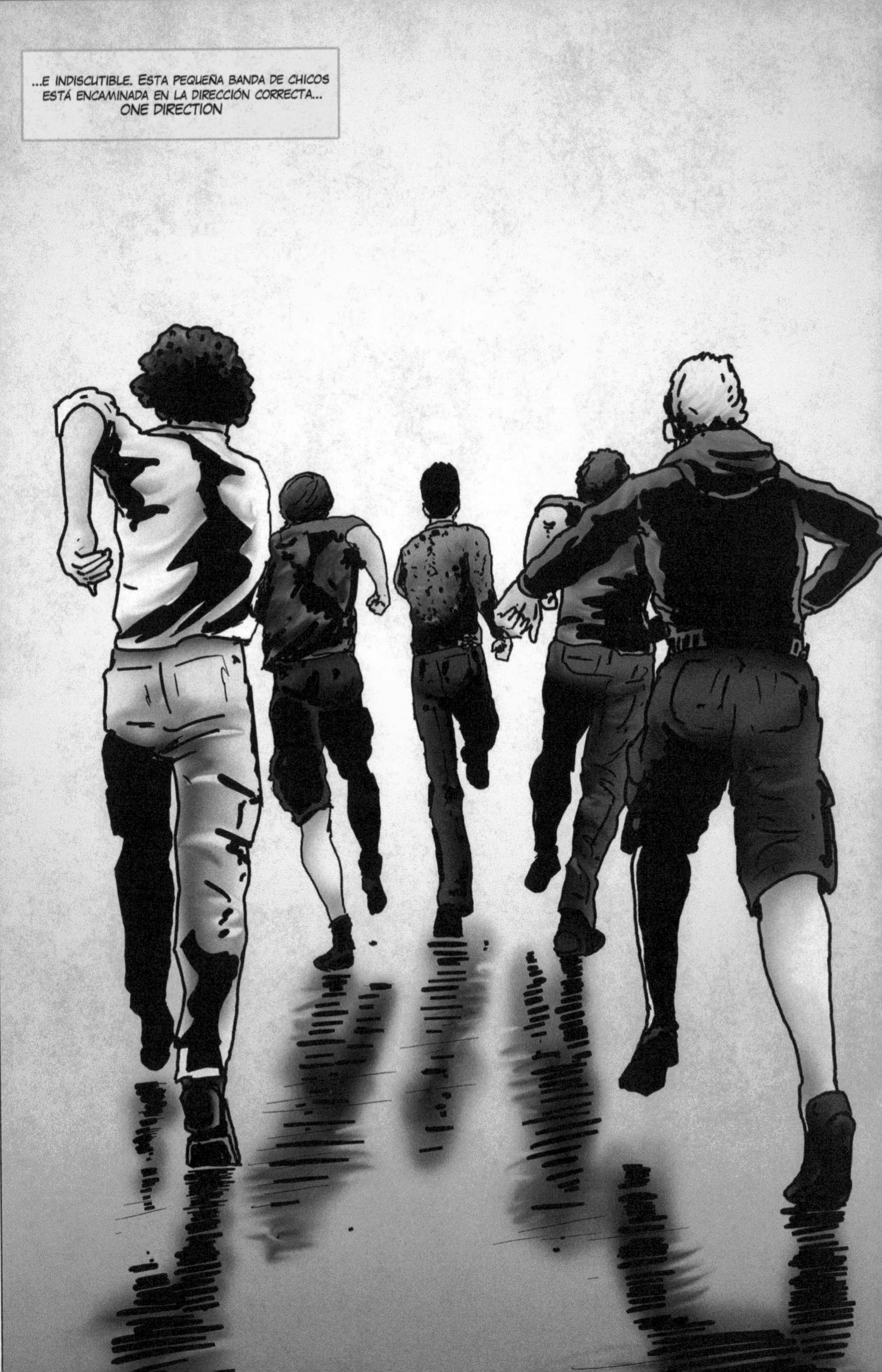
...E INDISCUTIBLE. ESTA PEQUEÑA BANDA DE CHICOS ESTÁ ENCAMINADA EN LA DIRECCIÓN CORRECTA... ONE DIRECTION

FAME
ONE DIRECTION

AVE FENIX
COMICS Y LIBROS

Michael Troy — **Guión**

Gustavo Rubio — **Dibujos**

Manuel Cobo — **Colorista**

Warren Montgomery & Bea Kimera — **Rotulación**

Bea Kimera — **Editor**

EDITOR

MAQUETACIÓN

PUEDES PEDIR EL COMIC IMPRESO DESDE NUESTRA WEB

ISBN 9788415947189
DL B. 261132013

0NE DIRECTION. COLECCIÓN FAME.
2013 COPYRIGHT ©. AVE FENIX COMICS Y LIBROS. TODOS
LOS DERECHOS RESERVADOS. PARA CONSULTAS O SI DESEAS ADQUIRIR
LOS COMICS :HTTP://WWW.AVEFENIXCOMICSYLIBROS.COM

PORTLAND'S

CONCERT

HALL

TOC
CONCERT HALL

CPSIA information can be obtained
at www.ICGtesting.com
Printed in the USA
LVHW062354070322
712852LV00005B/83